AF393537

Réformons nos institutions !

Du même auteur

Aidez-nous, la France a besoin de vous ! – Lettre à Nicolas Sarkozy, éditions BoD, juin 2014.

ABCD'R du sarkozysme – Nicolas Sarkozy en 26 discours, éditions BoD, juillet 2015

Adhérons, militons, réformons – Pourquoi rejoindre les Républicains ?, éditions BoD, octobre 2015

Maxence Trinquet

Réformons nos institutions !

Editions BoD

Éditeur : BoD-Books on Demand, 12/14 rond point des
Champs Élysées, 75008 Paris, France
Impression : BoD-Books on Demand, Norderstedt, Allemagne
ISBN : 978-2-322-07711-3
Dépôt légal : juin 2016

Sommaire

Avant-propos

J'ai écrit ce livre pour que les institutions sortent du domaine des spécialistes et que les Français se les réapproprient. Les futures échéances électorales doivent nous amener à réfléchir sur ce sujet.

La complexité de la réalisation de ce livre résidait dans la conciliation entre les repères que constituent les institutions et les changements nécessaires pour les rapprocher, ou parfois les éloigner des Français.

Par ces 30 propositions que je formule tout au long de ce livre, j'espère contribuer à la réalisation de ce qui doit être l'espoir de toute personne engagée en politique, retisser le lien entre les hommes publics et nos concitoyens.

Du Président de la République qui doit retrouver une autorité, au rôle des parlementaires, en passant par les élus locaux ou bien même encore l'institution qu'est la Justice, cet ouvrage trace quelques pistes de réformes.

Notre ambition doit être de faire en sorte que chaque Français connaisse le nom et les fonctions de ses élus, que chaque Français mesure et comprenne les enjeux politiques, et par-dessus tout que chacun de nos concitoyens puisse avoir le précieux sentiment de participer à la politique française, afin que chacun comprenne que s'il est un sujet transcendant sur lequel on ne peut faire impasse, c'est bien celui de la vie publique.

Le Président de la République

Le Président de la République, élu par l'ensemble des Français de manière directe a beaucoup plus qu'un rôle d' « arbitrage » énoncé en l'article 5 de notre Constitution. C'est parce qu'il est élu par les Français qu'il est comptable des crises qui peuvent être traversées dans notre pays. Les français ne se demandent pas quels sont ses pouvoirs, quel rôle il joue dans la conciliation entre les différentes autorités politiques et administratives de notre pays, mais ils attendent simplement qu'il règle leurs problèmes. Au fond, les pouvoirs du Président sont bien plus importants que ce que lui confère la Constitution. N'attendons-nous pas que le Président de la République résolve le problème du chômage ? N'attendons-nous pas du chef de l'exécutif qu'il s'occupe également de la sécurité ou de l'immigration ? Il aura beau disposer de « pouvoirs propres » comme la diplomatie, afin de faire rayonner la France à l'international ou encore celui d'intervenir militairement avec le gouvernement dans un autre pays pour faire triompher les valeurs qui animent la France, il sera toujours ramené aux problèmes les plus communs, mais sans doute les plus essentiels pour les Français. Ainsi, le Chef de l'Etat Français doit sans cesse concilier proximité, en ce sens où il ne doit jamais couper le lien avec les Français, et hauteur de vue en ce qu'il est censé incarner la nation française au-delà des querelles partisanes. Mais, force est de constater que ces dernières années ont été marquées uniquement par la volonté de trop se rapprocher des Français et ainsi d'abaisser d'une manière beaucoup trop conséquente la « fonction présidentielle ». Le Président de la République ne doit pas être un homme politique ! Le Président de la République n'est ni un élu local ni un élu national ! Le Président de la République doit être un homme d'État ! La Ve République, voulue par le général de Gaulle oblige le Président à être un grand homme ! Si ce président est un homme « normal », alors l'institution est remise en cause.

Mais ce n'est pas par de simples constatations que le problème sera résolu.

Je propose donc de faire appliquer l'article 18 de notre Constitution qui, en son alinéa deuxième dispose que « *[Le président de la république] peut prendre la parole devant le Parlement réuni à cet effet en congrès. Sa déclaration peut donner lieu, or sa présence, à un débat qui ne fait l'objet d'aucun vote.* »

Cet alinéa introduit grâce à la révision de la Constitution de 2008 permet donc au Chef de l'Etat de s'exprimer devant le Parlement réuni en congrès.

Chose inédite depuis 1848.

Le chef de l'exécutif s'exprime solennellement au peuple français le 31 décembre afin de souhaiter une bonne année à nos compatriotes. Lorsque l'on aborde la question de la parole présidentielle, force est de constater que, hormis les discours qu'il prononce tout au long de l'année, c'est (malheureusement) le seul rendez-vous où il fait réellement passer l'intégralité du message qu'il souhaite diffuser. Le reste du temps, il cherche à nouer le contact avec les Français en étant l'invité – ou plutôt en se faisant inviter – sur des plateaux de télévisions. Ses interlocuteurs sont donc les journalistes. Bien que les journalistes fassent un travail remarquable et qu'ils soient utiles à la démocratie, il n'est pas acceptable que le chef de l'État, représentant plus de 66 millions de français doive se justifier de son action devant des journalistes qui, en plus de ne pas représenter les Français puisqu'ils n'ont pas affronté le suffrage, manquent souvent de déférence face à l'homme d'Etat et peu d'égards pour la fonction. Certes, ce n'est pas mon propos qui mettra fin à cet état de fait, tant cette pratique est répandue dans le monde entier. Néanmoins, afin de faire retrouver au Président son autorité, je propose de faire un usage annuel de l'article 18 de la Constitution et permettre ainsi que le successeur de Louis-Napoléon Bonaparte s'exprime chaque année, sans doute en septembre pour la rentrée, devant l'ensemble du Parlement pour évoquer la politique menée durant la première partie de l'année et pour donner quelques orientations.

Si cette proposition est formulée, il fait nul doute qu'elle sera décriée car elle ferait « un peu trop américaine », ou encore parce qu'elle soumettrait le législatif à l'exécutif, ou bien même qu'elle réduirait encore la fonction de Premier ministre. En réalité il n'en est rien, car ces débats juridiques font oublier le réel sens de la démocratie Française. Ainsi, comme je l'énonçais précédemment, la seule question qui doit nous animer est la suivante : Qui les Français ont élu au suffrage universel direct ? Le Président de la République. Lui, et personne d'autre.

Le droit de grâce

Aux termes des dispositions de l'article 17 de la Constitution de 1958, le Président de la République a le droit de faire grâce. Elle est faite « *à titre individuel* » depuis 2008. La grâce est un héritage séculaire qui nous provient des anciens privilèges royaux. En effet le roi, représentant de Dieu sur Terre pouvait faire acte de miséricorde par la grâce royale. C'était également en vertu de ses pouvoirs de Justice que le roi disposait de cette prérogative. Mais n'est pas roi qui veut ! Le Président Français dispose, certes de la légitimité populaire, mais il ne représente que l'exécutif et non le judiciaire. Ce droit qui est donc accordé au plus haut magistrat de France n'a plus lieu d'être aujourd'hui.

C'est pourquoi, dans la continuité de la modification de cet article par la révision constitutionnelle de 2008, il conviendrait de modifier l'article aux termes suivants *« Le président de la République autorise le garde des Sceaux à faire grâce »*.

Le gouvernement

Le ministre chargé des relations avec le parlement

Le ministre chargé des relations avec le Parlement a une fonction très floue. Cela va de soi lorsque l'on explore le fonctionnement des institutions politiques et l'on en déduit aisément qu'il a avant tout un rôle d'influence. Néanmoins, il faudra tout de même clairement définir son rôle. Et surtout l'élargir.

C'est pourquoi il devra en plus d'être interlocuteur entre le gouvernement et le Parlement être interlocuteur entre les régions et le gouvernement. Il sera le ministre chargé des relations avec les « parlements régionaux » afin de représenter l'État, en collaboration avec le préfet, auprès de l'ensemble des Français sur tout le territoire. Ce sera un acteur majeur de la promotion des réformes sur le territoire, comme je l'évoquerai lorsque nous aborderons la question des préfets.

De la coordination du gouvernement et de la réduction du nombre de ministres

Cette demande est tout à fait légitime car la France, ayant besoin de clarté et d'efficacité, le gouvernement se doit d'être une équipe resserrée. Tout le monde s'accorde sur ce point. En revanche, la pratique de cette proposition peut paraître plus complexe à mettre en œuvre. Par les deux idées suivantes, la réduction du nombre de ministres pourra se faire systématiquement.

Premièrement, il faudra user du titre de ministre d'État.
En Belgique, le titre de « Vice premier ministre » est attribué afin de donner une importance au sein d'un gouvernement aux personnalités ou

chefs des partis qui forment les coalitions. En France, et ce depuis l'Ancien régime nous avons le titre de ministre d'État qui, bien évidemment évolua au fil des siècles. Aujourd'hui il sert à marquer l'importance d'une personnalité au sein d'un gouvernement. On peut également remarquer que les gouvernements de gauche n'utilisent jamais ce titre, alors que les gouvernements de droite le font.Il convient également de rappeler que les fameux « couacs » se produisent justement dans les gouvernements de gauche...

Les couacs gouvernementaux ne sont pas seulement le fruit d'un manque d'autorité et d'une mauvaise gestion d'équipe, elle est bien plus souvent la révélation de divergences d'opinions au sein de l'équipe. C'est pour cela qu'il faudrait s'inspirer de nos amis Belges en nous réappropriant ce titre de ministre d'État pour l'attribuer à chaque leader ou personnalité d'un parti rattaché à la majorité. Aussi, ce titre n'impliquant pas nécessairement que son porteur soit déjà ministre, il faudra s'en servir pour retisser le lien avec les Français en l'attribuant à des personnes de la « société civile » qui participent à l'activité de notre pays.

Puis, après avoir considéré les diverses sensibilités par le ministère d'Etat, il conviendra maintenant de réduire le nombre de ministres et secrétaires d'État en donnant plus de compétences au Premier ministre. En effet, le Premier ministre a pour but de coordonner l'action du gouvernement et de s'expliquer devant le Parlement. Ne serait-il pas logique de faire revenir certains domaines de compétences attribués habituellement à des Secrétaires d'Etat ou des Ministres délégués directement dans la compétence du Premier ministre, ce qui réduirait de manière conséquente leur nombre – et permettrait ainsi de ne pas ajouter des chaises lors des séances de questions au gouvernement au Sénat !

Cette idée n'est pas nouvelle. Cela fut souvent fait lorsqu'un membre du gouvernement partit sans être remplacé. Ce que je propose, c'est d'en faire une règle. Cela sera sans doute gage d'économie et d'efficacité. De la même manière, peut-être que le Secrétariat d'État aux sports pourrait être inclu dans le *« domaine réservé »* du Président de la République. Ce *domaine réservé*, idée conceptualisée par Jacques Chaban-Delmas, concerne la diplomatie et la représentation internationale qui touche aux affaires étrangères. Pour ces points, le Chef des Armées qu'est le Président peut agir lui-même. Le sport, quant à lui est vecteur d'unité. Seul le sport peut faire vibrer en un même lieu, des personnes de confessions différentes, d'origines différentes, de sensibilités différentes ! Le sport est aussi vecteur d'ascension sociale. Le sport est synonyme – ou doit être synonyme – d'éducation. En effet, le sport donne le goût de l'effort, de la récompense, et aussi de la joie. Le sport est la métaphore de la vie ! Le sport, c'est la France. C'est pourquoi le sport doit être du ressort du Président de la République qui a vocation à unir les Français.

D'un point de vue formel, afin de mettre cette proposition en application il est envisageable d'ajouter aux articles 14 ou 15 de la Constitution, un cadre à ses nouvelles prérogatives, ou bien ne rien modifier textuellement et faire de cette attribution nouvelle un usage.

De la décentralisation ministérielle

L'administration française a très vite compris qu'il était nécessaire de s'implanter dans d'autres régions que l'île de France afin de dynamiser ou redynamiser des villes, des départements, et parfois même des régions. Nos moyens de communication modernes nous permettent d'être aussi efficace malgré la distance avec Paris. Ainsi, l'ENA n'est-elle pas à Strasbourg ?

Pour tous ces sujets, la vie publique devrait s'inspirer de l'administration. C'est pourquoi je propose, dans les régions périphériques à l'Île de France d'implanter certains ministères, notamment dans des immeubles appartenant à l'État qui sont le signe du grand patrimoine que nous léguèrent les siècles passés. Cela les remettrait en valeur. Cela redynamiserait des villes, cela leur donnerait une importance politique et par-dessus tout cela rapprocherait l'élite nationale des Français.

<u>**Des circulaires**</u>

Il faudra enfin garantir une meilleure rédaction des autres normes car les circulaires, qui rappelons-le sont censées préciser les textes, sont rendues au nombre de 10 000 chaque année. Cela doit nous conduire à revoir la rédaction normative afin que ces mots de Boileau deviennent la devise de l'administration : *« Avant donc que d'écrire, apprenez à penser.*
Selon que notre idée est plus ou moins obscure,
L'expression la suit, ou moins nette, ou plus pure.
Ce que l'on conçoit bien s'énonce clairement,
Et les mots pour le dire arrivent aisément».

Le Parlement

Au Sénat et à l'Assemblée nationale

Depuis des années, nombreuses sont les voix à s'élever pour plaider la suppression du Sénat. L'essentiel des critiques ne vient non pas de la qualité ni de la production législative, mais tourne essentiellement sur une question de représentativité.

En effet, deux reproches majeurs sont faits au Sénat. Le premier, c'est que le Sénat ne représente pas la société française. Le deuxième, c'est qu'il ne représente pas la diversité politique car, en effet il n'a connu qu'une seule fois une majorité de gauche depuis le début de la Ve République. C'est un fait. Néanmoins, le Sénat a pour vocation de représenter les collectivités territoriales, ce qui n'est pas le cas de l'Assemblée nationale qui représente la nation, alors qu'il est vrai que paradoxalement elle est élue directement par le peuple, à l'inverse du Sénat dont les membres sont élus indirectement. C'est sans doute cette dernière raison pour laquelle beaucoup s'en sentent éloignés. Pourtant, il semble que le Sénat constitue un réel équilibre législatif lorsqu'il est majoritairement composé de membres qui ne sont pas majoritaires à l'Assemblée nationale. En somme, le Sénat est un atout quand il est un contre-pouvoir, c'est à dire lorsqu'il est à droite et l'Assemblée à gauche, ou inversement.

Ensuite, le Sénat a su se transformer pour donner une meilleure image. Dans la dernière réforme du règlement du Sénat il est désormais possible lors des questions de gouvernement d'avoir pour un sénateur un « droit de réplique » après la réponse du ministre. Ceci est plus authentique car la réponse n'est pas transmise à l'avance, comme c'est le cas de la question ! Cela donne une autre image qui revient presque au réel sens de ce qui est le Parlement, à savoir les débats. Pourquoi ne pas étendre ce droit de réplique aux questions au gouvernement du mardi et du mercredi à l'Assemblée nationale ? Une autre image en serait donnée. Il serait possible de tempérer cette dernière mesure en ne donnant ce droit qu'aux membres de l'opposition. Car c'est le mouvement qui accompagne les modifications du Parlement depuis plusieurs années maintenant, les droits de l'opposition.

Lors de la révision constitutionnelle de 2008, l'opposition d'alors a obtenu d'avoir à l'Assemblée nationale la présidence de la commission des finances. En 2011, la majorité de gauche au Sénat avait fait de même et en 2014 la nouvelle majorité de droite a perpétué ce qui est désormais un usage. Autre sujet qu'il conviendra d'aborder, c'est la responsabilisation de l'opposition.

<u>Responsabiliser l'opposition</u>

En Allemagne, en Belgique et en Espagne, il existe un principe selon lequel *« on ne renverse pas un gouvernement sans le remplacer »* qui se manifeste à travers la motion de « censure constructive » et a pour visée de proposer un nouveau Chancelier (en Allemagne) si l'on vote la défiance du gouvernement en place.

En France, nous devrions, afin de responsabiliser l'opposition, créer le principe selon lequel « on ne vote pas contre le budget sans en proposer un autre ».

Ainsi, chaque année elle devrait déposer une proposition de loi de finances de manière quasi simultanée avec le projet de loi de finances qui lui sera soumise par le gouvernement.

<u>**Encourager la pratique du**</u>
<u>***Shadow cabinet.***</u>

En Angleterre, les membres du gouvernement ont à la Chambre des Communes des interlocuteurs directs. Par l'intermédiaire du « cabinet fantôme », chaque ministre a en face de lui un membre de l'opposition qui traite du même domaine et qui lui formule des propositions ou lui oppose ses arguments. C'est cela un Parlement constructif !

Si nous nous inspirions de nos amis anglais – qui sont tout de même la référence en matière de parlementarisme – de par leur histoire politique, nous pourrions proposer que tous les chefs de groupes de partis non rattachés à la majorité présidentielle au sein des commissions soient les interlocuteurs du ministre concerné par le domaine dont traite ladite commission. En somme, le chef du groupe *les Républicains* au sein de la commission des affaires étrangères à l'Assemblée nationale sera l'interlocuteur direct du ministre des affaires étrangères lors des débats parlementaires, mais aussi il jouera le rôle d'intermédiaire notamment pour les questions écrites.

De la suppression de l'abrogation tacite pour simplifier.

L'abrogation tacite, principe bien connu du droit, énonce que *« la loi nouvelle remplace l'ancienne »*.

Afin de simplifier de manière drastique le droit français, nous devrions plutôt appliquer le principe selon lequel la nouvelle loi abroge en totalité tous les textes qu'elle est susceptible de modifier, ce qui, certes, aura pour effet d'avoir des projets ou des propositions de lois beaucoup plus importantes en matière de rédaction, mais cela aura également comme conséquence positive de contribuer à la simplification.

Les lois nouvelles seront beaucoup plus précises et concises. Et plutôt que de remplacer seulement certaines dispositions de précédentes normes, elles auront à modifier la totalité de la loi, ce qui réduira de manière conséquente toute la superposition des normes existantes dans l'ordonnancement juridique.

De la réduction du nombre de parlementaires

La réduction du nombre de parlementaires, plus qu'un symbole, est un sujet qui traite de l'efficacité de l'exercice du pouvoir législatif.

Aujourd'hui, la France compte 577 circonscriptions et comporte donc en moyenne un député pour 77 000 habitants, ce qui revient à environ six députés par département. Dès 2017, il serait possible d'amener ce rapport vers un député pour 130 000 habitants, ce qui reviendrait à avoir 350 députés à l'Assemblée nationale, soit de diminuer d'un tiers les colocataires du Palais Bourbon !

Au palais du Luxembourg, il y a 348 sénateurs, soit une moyenne de trois et demi sénateurs par département. La réduction du nombre de sénateurs est plus complexe car proposer – ou plutôt imposer – la règle de deux sénateurs par département serait par principe inique puisque les départements, de par leur diversité et leur densité en matière de population, qu'elle soit urbaine ou rurale, ont de ce fait divers besoins. Néanmoins, une moyenne de trois par département peut raisonnablement constituer un objectif. Cela ferait 300 sénateurs.

Du cumul des mandats

Le cumul des mandats fait partie depuis 30 ans de ces sujets que l'on traite superficiellement et de manière démagogique !

Sur ce sujet, il y a deux propositions que je partage pleinement et que je vais évoquer.

La première vient de Nicolas Sarkozy et la seconde de François Hollande.

Tout d'abord, il ne faut avoir peur de le dire, ce n'est pas en supprimant pleinement le cumul des mandats que nous rapprocherons les politiques des Français ! Peut-être que cela plairait à l'opinion pour un temps. Peut-être même que cela plaira à une partie de la classe politique. Toutefois, il faudra avoir le courage de convaincre nos concitoyens qu'avoir deux catégories d'élus conduirait à avoir des élus de terrain et des élus déconnectés de la réalité. Parce que je pense profondément que pour des raisons économiques il vaut mieux payer un député-maire, ou un sénateur-maire dont les indemnités sont plafonnées, plutôt qu'un député et un maire, et un sénateur ainsi qu'un maire, il faudra revenir sur la loi concernant le cumul des mandats.

La deuxième raison est celle de l'efficacité. L'efficacité car il est préférable de disposer d'élus nationaux qui connaissent la réalité du terrain plutôt que d'élus qui ne la connaissent pas et mettront par conséquent beaucoup plus de temps au cours des travaux parlementaires pour se tenir informés. Cela multipliera les auditions, les commissions, etc... Voulons-nous ralentir davantage le temps de procédure législative ? Non ! Voilà pourquoi je soutiens cette proposition du 6e Président de la Ve

République française.

Mais il est de notre devoir d'alerter sur le fait que certaines fonctions doivent primer sur des mandats car elles demandent une disponibilité totale. C'est le cas des fonctions ministérielles. C'était une proposition de François Hollande en 2012, celle d'interdire aux ministres de cumuler un exécutif avec sa fonction gouvernementale. C'était une bonne proposition, mais force est de constater qu'il ne l'a pas appliquée !

Voilà donc comment concilier impératif d'exemplarité avec l'efficacité que doit être celle de l'action législative et gouvernementale.

La réserve parlementaire

Par principe, la réserve parlementaire est illégitime. Illégitime au moins pour les députés car ils représentent la nation et non les intérêts locaux. Pour les sénateurs, il pourrait en être autrement puisqu'ils représentent les collectivités territoriales. Il serait par conséquent aisé d'en déduire que la réserve parlementaire – qui n'est en réalité ni plus ni moins qu'une réserve de l'état mise à disposition des membres du parlement – soit un « aveu de faiblesse » de la République qui aurait besoin de subventionner sur le terrain afin de perdurer. Néanmoins, il faut nuancer ce propos car il suffit d'observer la réalité des territoires afin de se rendre compte que pour ses administrés, le parlementaire n'est pas le représentant de la nation, mais une autorité a laquelle faire part de ses projets, mais aussi de ses peines.

C'est pourquoi il me semble peu raisonnable de vouloir supprimer totalement cette réserve parlementaire.

J'ai la profonde conviction que, malgré la saine aspiration des Français de vouloir moins de dépenses publiques et plus d'exemplarité, la suppression de la réserve ne serait pas comprise.

Mais nul ne peut contester le fait qu'il y ait aujourd'hui un manque d'autorité des pouvoirs publics. Ce manque d'autorité est en partie le fruit d'un manque d'ordre, que la sagesse populaire résumerait en une phrase ; « plus personne n'est à sa place ».

En effet, le sujet de la réserve parlementaire qui pourrait sembler anodin voire démagogique d'aborder révèle là encore ce problème d'ordre précédemment évoqué, car cela conduit à tirer comme conclusion que les députés ou les sénateurs, en se préoccupant trop des problématiques locales, empiètent sur le travail d'un conseiller régional ou départemental. La preuve flagrante en est que les citoyens connaissent mieux leur député que leur conseiller régional ou leur conseiller départemental. C'est pourquoi je propose, non pas de réduire la réserve parlementaire, mais de la diviser en trois. Cela consisterait en une répartition de ces fonds d'un tiers pour le parlement, d'un tiers pour les conseils régionaux et d'un autre pour les conseils départementaux.

Cette nouvelle répartition pourrait s'opérer juste qu'à ce qu'une nouvelle réforme territoriale, similaire à la réforme Marleix soit appliquée, car une nouvelle réforme qui simplifierait le « mille-feuille territorial » fusionnerait les conseils départementaux et les conseils régionaux. Ainsi, les propositions précédemment évoquées pourraient permettre non plus de diviser le total par trois, mais par deux, puis de diminuer symboliquement le budget de la réserve de 10 à 15 %, ce qui représenterait tout de même une somme avoisinant les 28 millions d'euros.

De la saisine du Conseil d'Etat pour les propositions de loi

Afin de veiller à une meilleure qualité des textes votés par le Parlement dans la continuité de ce qu'a permis la révision constitutionnelle de 2008, il serait possible d'envisager que le Conseil d'État, au-delà de son rôle de conseil auprès du gouvernement dans ses projets de loi, ait l'obligation d'être saisi lorsqu'une proposition de loi – dans certains domaines de compétence – émanant des membres du parlement appartenant à la majorité présidentielle est formulée. (Car cela paraît inutile pour la proposition de loi émanant de l'opposition puisqu'elle aurait alors peu de chance d'être adoptée)

Les institutions locales

Pour une application de la réforme des collectivités territoriales « Marleix ».

Afin de réduire les dépenses d'organisation des conseils départementaux et régionaux, il me semble que la réforme Marleix votée sous le quinquennat de Nicolas Sarkozy devrait être à nouveau appliquée puisqu'elle créait le Conseil territorial, issu de la fusion entre les deux grandes entités que sont le Conseil régional et le Conseil départemental. Cela présentera un premier avantage qu'est celui du coût des élus qui sera divisé par deux. Cela constituera aussi une simplification dans les relations entre les élus locaux et des administrés. Il n'est pas acceptable que dans une démocratie comme la France les Français ne connaissent pas leurs élus locaux. Il est triste de constater que les élections départementales et régionales ne déplacent jamais les foules et que le taux d'abstention dépasse rarement la moitié du corps électoral. Cela témoigne du désintérêt de nos concitoyens pour la politique, mais surtout du manque de visibilité des élus locaux qui devraient avoir une place plus importante. Là encore, qui serait capable de citer d'un seul trait toutes les attributions et domaines de compétence de ces deux entités ?

Enfin, il est encore plus navrant d'observer que les élections intermédiaires ne donnent pas lieu à un débat mais à une explication du rôle les élus. En somme, l'élection est, en quelque sorte devenue une occasion de faire de la pédagogie. Ceci regrettable, mais cela n'est absolument pas de la faute des Français, car lors des élections législatives, lors des élections présidentielles ou même des élections municipales il n'est point besoin de faire de pédagogie. C'est pourquoi nous devons en déduire que les conseils régionaux et départementaux n'arrivent pas à créer un lien entre eux et leurs administrés. Pourquoi ?

Tout d'abord le mode de scrutin peut sans doute expliquer ce désintérêt car cela repose sur une contradiction sémantique. En effet, lors des élections régionales, on vote par département, et lors des élections départementales on vote par canton...

La deuxième raison, est celle de la visibilité des élus. Seuls les avertis ou les acteurs économiques savent ce que font leurs représentants et connaissent leurs rôles essentiels au fonctionnement de nos instances locales.

Enfin, le nombre d'élus est trop important, d'où l'intérêt d'avoir un Conseil territorial, une seule instance aux domaines de compétences regroupés pour une meilleure coordination.

Certes, la réforme socialiste divisa par deux le nombre de cantons, mais créa dans le même temps des binômes, ce qui revint à doubler le nombre d'élus par canton, et finalement revenir au point de départ avec autant de conseillers départementaux qu'avant !

Voilà pourquoi la « réforme Marleix » doit de nouveaux être appliquée dans sa totalité. Un seul interlocuteur avec les administrés, une seule entité aux compétences regroupées et une place plus importante faite aux élus locaux afin de continuer à faire vivre la démocratie locale. Voilà l'ambition qui doit être la nôtre !

Le CESE et CESER

Le Conseil économique, social et environnemental est une assemblée qui représente les différentes composantes socioprofessionnelles. Sa définition y est faite en l'article 69 la Constitution de 1958.

Il *« donne son avis sur les projets de loi, d'ordonnance ou de décret ainsi que sur les propositions de lois qui lui sont soumis. »* Tout comme pour Conseil d'État, son avis est obligatoire pour les projets de loi à la différence que le Conseil économique social et environnemental ne donne pas son avis en droit, mais un avis qui est le fruit de discussions que l'on pourrait qualifier de « parlementaires » entre les différents acteurs de l'économie française, ce qui place la loi éventuelle dans le contexte économique et social.

Le Conseil peut être saisi par le Premier ministre, par le Président de l'Assemblée nationale, par le président du Sénat, et grâce à la révision constitutionnelle de 2008 il peut être saisi par voie de pétition, c'est-à-dire par le peuple directement.

Mais des critiques légitimes peuvent être soulevées. La première objection que nous pouvons évoquer, et celle de l'utilité des avis rendus. En effet l'avis du Conseil social et environnemental reste un avis, il n'est donc pas obligé d'être suivi.
La deuxième interrogation concerne sa saisine, plus précisément celle faite par voie de pétition. Elle doit réunir 500 000 personnes. Certes un seuil certain est plus que nécessaire pour éviter des abus de ce droit. Nous pourrions émettre l'éventualité de diviser par deux ce nombre minimum, ce qui reviendrait à 250 000 personnes. Mais le problème se situe encore plus en profondeur, car une fois saisi par les signataires, le Conseil économique social et environnemental

étudie la pétition et décide d'y donner suite ou non. L'ignorance par cette institution des 700 000 signatures recueillies par la « manif' pour tous » en fut un malheureux exemple. C'est cela qu'il faut changer car les deux derniers problèmes soulevés semblent contrevenir à « l'esprit démocratique » puisque d'une part on demande au Conseil de donner un avis qui pourra ne pas être suivi, puis, il peut être saisi sans qu'il ne donne suite à la demande. Deux voies s'offrent donc à nous.

Premièrement, assortir l'avis contraire à une norme potentielle d'une obligation de la revoir en sa totalité ou d'amender le texte présenté, si des réserves sont émises par plus de 75% des membres du Conseil économique social et environnemental.

Deuxièmement, rendre obligatoire de déférer au Parlement en vue d'un débat en commission – ou du moins aux questions au gouvernement afin d'avoir l'avis du gouvernement – les thèmes issus de pétitions.

Le CESE coûte moins d'un million d'euros en terme de rémunération et indemnités des membres qui le composent. Le Conseil est également doté de moyens (environ 40 millions) afin d'assurer sa mission de conseil, inclus dans le budget du conseil d'Etat et de la Cour des Comptes. On peut donc En conclure que le conseil économique social et environnemental ne coûte « pas cher ». Cela dit, en ces périodes où chaque centime compte, les économies de l'État sont des gages de responsabilité et d'honnêteté envers les Français. C'est pourquoi il est nécessaire de poser la question du rapport qualité-prix. Bien que le Conseil ne soit pas l'une des institutions les plus chères de la Ve

République, sa mission de rendre des avis se voit altérée par le fait qu'ils ne seront pas nécessairement suivis. Il en va de même pour les modes de saisines. Il faudra donc trancher ! Il faudra avoir le courage de supprimer ou de réformer ! Deux possibilités s'offrent encore à nous.

Pour justifier que de tels crédits soient accordés à cette institution, il faudra faire le choix de lui donner plus d'importance en appliquant les deux dernières propositions.

Sinon, il faudra faire le choix, puisque cette institution coûte plusieurs millions d'euros et n'est ni exécutive ni contraignante, de la supprimer. C'est pour la première solution que je me prononce.

Le CESER

En plus du Conseil économique social et environnemental, la France dispose par région, du conseil économique social et environnemental régional. Ils ont les mêmes missions de réflexion sur les sujets d'ordre économique sociaux et environnementaux mais à l'échelle régionale, ainsi que l'indique leur sigle.

Cependant il est une première chose à laquelle il faudra remédier, c'est la non-hiérarchisation avec le Conseil économique social et environnemental.

En effet, il est illogique que les CESER n'aient pas de liens avec le CESE. Ces assemblées locales devraient pouvoir, face à la récurrence de certains sujets pouvoir saisir de manière officielle l'avis ou le débat à l'assemblée supérieure que serait le CESE afin qu'il puisse lui-même saisir le Parlement si le sujet lui semble être nécessaire d'être abordé.

Deuxième point, les conseils économiques sociaux et

environnementaux régionaux devraient pouvoir bénéficier du système de pétition afin d'être saisis directement à l'échelle régionale pour faire naître un débat ou encore pour alerter par le biais de cette assemblée locale les élus locaux, puis éventuellement les élus nationaux par le procédé précédemment évoqué.

En France nous avons deux assemblées que sont l'Assemblée nationale qui est censée représenter la nation, et le Sénat qui représente les collectivités territoriales. On accuse souvent ces deux chambres de ne pas être représentatives de la population française. Combien de fois n'a-t-on pas entendu déclarer qu'il n'y avait pas assez d'entrepreneurs ou encore qu'il n'y avait pas assez de jeunes au Parlement ? Ces reproches paraissent tout à fait légitimes puisque cela est vrai. Cependant ce n'est ni à l'Assemblée nationale ni au Sénat d'avoir en son sein des membres qui représenteraient équitablement la diversité de la société française. C'est le rôle du conseil économique social et environnemental ! En France, même si nous ne le savons pas, ou même si nous ne voulons pas l'admettre, nous avons une sorte de tricamérisme ! Nous avons une chambre représentant la nation, une autre qui représente les collectivités territoriales et particulièrement les territoires ruraux, et enfin en l'assemblée du Conseil économique social et environnemental une assemblée représentative de la société française. Cela implique donc qu'à l'assemblée nationale les débats sont très houleux, très passionnés, et parfois très tranchés car c'est la chambre qui a le dernier mot, et donc celle qui est garante du vote de la loi, ainsi que du contrôle du gouvernement. Le Sénat, pour sa part peut faire office de contre-pouvoir ou même de complément de pouvoir par ses amendements, mais ne représentant pas les mêmes intérêts, ses travaux parlementaires peuvent parfois être plus constructifs qu'ils ne le seraient à l'Assemblée nationale. Enfin, le conseil économique social et environnemental, étant la représentation des diverses catégories de la population Française l'art du compromis y prime. Ainsi, les deux dernières assemblées citées doivent guider la première dans la rédaction des lois ainsi que dans les débats durant ses travaux.

Un nouveau fonctionnement institutionnel

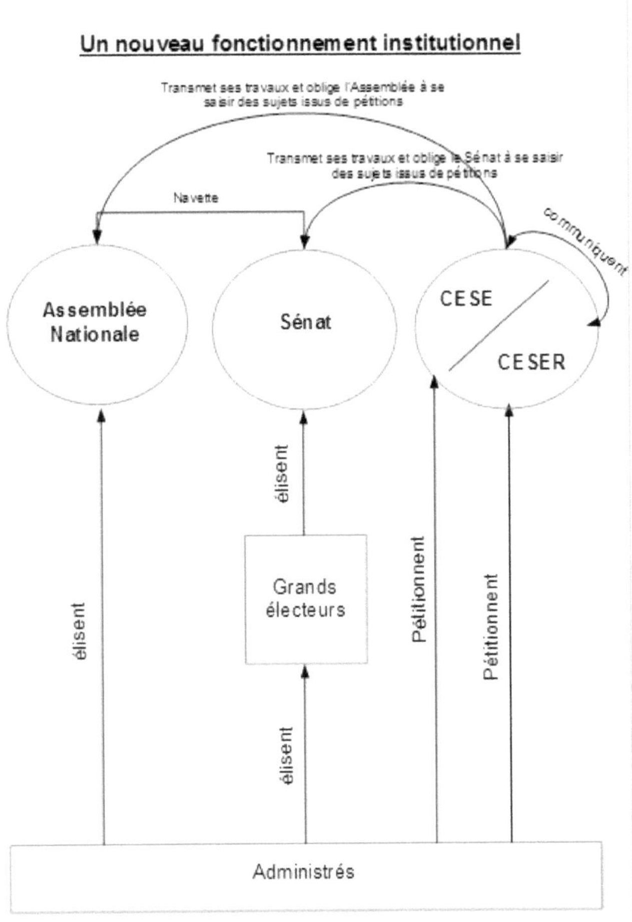

Le Préfet

De nombreuses voix s'élèvent pour redéfinir, voire supprimer les préfets.

En effet, cette institution impériale inspirée elle-même de la monarchie et de ses Intendants du Royaume, repose sur un certain nombre de contradictions.

Tout d'abord c'est l'exécutif qui le nomme, et il peut le révoquer à tout instant. Puis, bien que les Présidents souhaitent en faire un relais, il ne l'est pas car sa mission est avant tout administrative.

Luc Chatel, ancien ministre de l'Education nationale déclarait en 2012 lors d'une réunion publique qu'il « avait manqué au gouvernement, une centaine de fonctionnaires » pour faire de la « pédagogie » sur réformes durant le quinquennat précédent. C'est cette constatation véridique qui m'amena à me demander pourquoi ne pas utiliser les préfets à cette fin ?

Certes, il faut admettre que la « pédagogie » fait déjà partie des missions du haut fonctionnaire qu'est le préfet, mais elle se traduit uniquement par un dialogue avec les élus locaux. C'est une excellente chose. Néanmoins, la communication extérieure des préfets ne se fait que par des communiqués de presse. Cela reste assez limité. C'est la raison pour laquelle je propose que les préfets aient parmi leurs attributions, la mission de tenir des réunions d'informations publiques afin d'informer la population de la politique gouvernementale. Cela aurait pour vertu d'expliquer les réformes au Français d'un point de vue technique, loin des formulations politiques par nature laconiques.

Les préfets ont l'habitude de se déplacer pour conseiller et informer les élus, notamment les maires de petites communes. Qu'ils en profitent pour informer par la même occasion la population. Ce sera également un excellent moyen de rendre lisible et intelligible la loi à nos compatriotes. Impossible ? Les intendants du royaume n'étaient-ils pas itinérants ?

L'administration

Remettre l'administration et son organisation « à plat » !

L'administration, et particulièrement la fonction publique doit être calquée sur le modèle militaire ! Qu'est-ce que cela signifie ?

Cela signifie tout d'abord qu'il y a des conditions à remplir et éventuellement une évaluation avant d'entrer dans l'administration. Ensuite, chaque fonctionnaire qui entre dans l'administration locale ou nationale doit avoir une mission, car être fonctionnaire est un grand privilège, celui de servir l'État. De la même manière que l'armée, la fonction publique doit former ses agents tout au long de leur parcours professionnel par le biais de formations continues et de formations d'approfondissement de leur mission. Aussi, cette proposition n'est pas nouvelle, mais il faudra mettre fin à la fonction publique à vie et de la même manière que le fait l'armée, donner la possibilité de signer des contrats. Dans l'armée de terre il y a plusieurs contrats de 2, 3, 5, 8 ou 10 ans qui sont renouvelables jusqu'à 27 ans de service. Peut-être faudra-t-il faire ainsi avec la fonction publique territoriale voire même nationale, sans doute avec des contrats de cinq et 10 ans, avec des objectifs de missions et des primes pour ceux qui les atteignent. L'administration gagnera en performance et en efficacité et offrira la plus belle image possible de la France, car l'administration est sans doute l'entité qui côtoie le plus les Français.

Les carrières, elles aussi doivent permettre des ascensions, comme cela se fait aujourd'hui, mais avec un critère totalement différent, celui du mérite au lieu de celui de l'ancienneté, même si cette dernière doit également être prise en compte pour éviter la dérive que serait le favoritisme. La rémunération des fonctionnaires doit être revalorisée.

Enfin, pour compenser le fait que les contrats existeront il faudra que l'État en contrepartie de la fin du privilège de fonction publique à vie, s'engage, comme c'est le cas avec les militaires à les reconvertir une fois la fin de leur contrat, grâce à des stages de formation pour que chacun puisse avoir la possibilité dans sa vie de servir l'État mais également de voir pour lui se dérouler une nouvelle vie, avec d'autres horizons, comme l'entrepreneuriat ou simplement le salariat dans le privé, ou même dans une autre administration, comme cela se fait déjà. Voilà l'ambition qui doit être celle de la France pour ses agents publics.

Mais en contrepartie de toutes ces potentielles dispositions, il faudra accepter, puisque l'administration sera plus performante, puisque les fonctionnaires seront mieux payés, mieux formés, mieux accompagnés, de continuer la politique du « non-remplacement d'un fonctionnaire sur deux », voire de la faire passer au non-remplacement de 2 fonctionnaires sur 3.

Les agences et les autorités administratives.

En France, ce qui est provisoire a tendance à durer. Le système des agences et des autorités administratives en sont les exemples types.

Un rapport du Conseil d'État datant de 2012 retient que ces agences sont au nombre de 103 dans la plus stricte définition et au nombre de 1244 d'après un rapport de l'Inspection générale des finances de mars 2012 (au sens le plus large, c'est à dire en considérant que l'appellation « agence » soit générique et dépasse la simple définition). Au-delà du nombre d'agences, c'est leur budget qui peut interpeller. Leur budget total serait de 330 milliards d'après la haute juridiction et environ de 50 milliards annuels.

Certes, le gouvernement a déjà supprimé ou fusionné quelques agences afin de « simplifier » et ainsi baisser les dépenses de l'Etat. Mais seulement 2,4 milliards d'économies ont été réalisées. 2,4 milliards d'euros représentent seulement 5 % du budget total. Nous pouvons faire mieux !

Ces informations doivent conduire les pouvoirs publics à réagir en supprimant nombre de ces agences. J'ai, bien sûr, conscience que c'est chose aisée à dire, mais bien plus complexe à appliquer car l'utilité de toute chose peut-être justifiée, notamment lorsqu'elle constitue un privilège.

Il convient donc d'opérer un tri afin de voir quelles agences ou autorités administratives peuvent être réintégrées à des administrations centralisées, ou lesquelles peuvent être supprimées, ou du moins restructurées.

Parmi les principaux arguments qui tendent à la conservation de toutes les agences, figure celui du fait qu'elles permettent d'obéir à des règles administratives moins contraignantes contrairement aux règles que l'administration doit respecter. La première mesure pourrait donc de simplifier les règles administratives autrement qu'en codifiant simplement les règles existantes.

Revenons sur ces textes et évaluons aussi leur utilité. Cela pourra se faire par un audit général, ou directement par les hommes publics. Je ne suis nullement en mesure de me targuer de quelque légitimité que ce soit pour désigner quelle agence pourra ou non subsister, j'ose néanmoins par ce livre m'interroger sur la pertinence d'agences chargées de mission qui relèvent normalement d'un ministère, à l'image de l'agence contre l'illettrisme - N'est-ce pas le rôle du ministère de l'Education nationale? - ; de l'ACSE concernant l'égalité des chances ; de l'AEFE l'agence de l'enseignement du français à l'étranger, qui devrait normalement relever du Secrétariat d'État aux Français de l'étranger, ou bien du Quai d'Orsay ; ou même encore de l'ABES l'agence bibliographique de l'enseignement supérieur.

Cependant, plutôt que des suppressions, certaines fusions sont envisageables comme celle de l'ANAH et de l'ANRU qui, au fond, traitent du même sujet qui est celui du logement et de l'urbanisme. Après cette fusion, une réintégration au ministère de la ville ou du logement pourrait être une mesure logique.

Enfin, il est souhaitable de noter qu'au-delà d'une simple énumération, au-delà même des potentielles économies – bien que réduire d'un tiers constituerait une économie de 15 à 20 milliards d'euros – c'est avant tout une conception de l'État, du rôle de ministre et de l'idée de l'exercice du pouvoir dont le système des agences nous oblige à nous interroger. La question qui doit être la nôtre est la suivante : voulons-nous d'un État qui fait faire, ou d'un État qui fait ? Il me semble, qu'une partie de la réponse se trouve en cette question...

Les écoles régionales de l'administration.

La Constitution de 1958 permet d'adopter des normes dont les effets porteront à titre expérimental. Nous devrions mettre à profit cet outil qui est donné dans le cadre de la régionalisation. En effet, de par le nombre de régions qui a considérablement diminué, une autonomie grandissante et des pouvoirs d'initiatives plus larges aux entités que sont les conseils régionaux et départementaux ont été accordés. Alors, à l'image de la formation des élites administratives nationales par l'ENA, il sera nécessaire de former les élites régionales de notre administration par un développement conséquent des instituts régionaux de l'administration (IRA) en les implantant dans chaque région afin de les rendre plus accessibles.

Dans la continuité de la « remise à plat » de l'administration proposée précédemment, il faudra permettre aux fonctionnaires titulaires – ou non – de pouvoir se préparer à ces concours tout au long de leur parcours professionnels. Que ces concours ne soient plus un droit, mais presque un devoir !

La Justice

Pour un « ministre hors cadre de la Justice ».

C'était une proposition que j'avais déjà formulée en 2014 et qui consistait à distinguer clairement l'exécutif du judiciaire par une réforme du ministre de la Justice dans un but symbolique envers les Français.

En effet, les Français dans leur grande majorité n'ont pas confiance en la Justice. Il est également vrai qu'il y a certaines contradictions qui ont existé ou existent encore dans les fonctions du Garde des Sceaux.
Il est chargé de la politique pénale, il est le supérieur hiérarchique des hauts magistrats du parquet, il appartient en même temps au gouvernement et par conséquent participe à l'exercice du pouvoir exécutif.
De la même manière il est Garde des Sceaux en ce qu'il est chargé comme

son titre l'indique, de sceller les modifications ou les réécritures de la norme suprême qu'est la Constitution. Le Garde des Sceaux, ministre de la Justice voit donc sa fonction tiraillée entre des obligations judiciaires et gouvernementales.

C'est pourquoi je maintiens ma proposition qui ne s'est jamais encore réalisée dans notre pays, la création d'un ministre hors cadre de la Justice. Il resterait toujours Garde des Sceaux. Ministre car il sera nommé par le Président de la République sur proposition du Premier ministre en même temps que les autres membres du gouvernement. Il sera nommé de manière irrévocable pendant deux ans et six mois et sera chargé d'appliquer à la lettre la politique pénale voulue par le chef de l'exécutif. Compte tenu du fait que nous sommes en quinquennat, son mandat sera également reconductible une fois pour la même durée, ce qui permettra en milieu de mandat présidentiel de confirmer le Garde des Sceaux ou d'en nommer un autre afin de marquer un tournant en lui donnant ainsi une nouvelle politique pénale à appliquer pendant deux ans et demi.

Le ministre hors cadre de la Justice ne participera bien évidemment pas au Conseil des ministres et ne sera soumis à aucune autorité hiérarchique, même celles du Président de la République, hors de la mission qu'il lui aura confiée.

Le nouveau ministre de la Justice aura toujours une autorité hiérarchique sur le parquet pour de faire appliquer la politique pénale voulue par le Président, il sera toujours chargé de l'organisation des juridictions, en revanche il ne pourra pas présenter devant le Parlement les projets de loi portant sur la Justice. Cela sera désormais du ressort du Premier ministre. Néanmoins, il pourra remettre conjointement au Parlement, au Premier ministre et au Président de la République un rapport semestriel qui évoquera les réformes possibles à mener dans son domaine.

Cela nous donnera également la possibilité de revenir sur la réforme de la justice de 2015 qui ôta de manière tout à fait légitime au Garde des Sceaux la présidence du Tribunal des conflits. Avec le nouveau ministre hors cadre de la justice, il aura toute la légitimité pour présider à nouveau ce tribunal, non plus uniquement de droit, mais par obligation, ce qui d'une part lui donnera une autorité, et d'autre part, rétablira le lien historique qui, depuis 1848 a toujours existé entre le Garde des Sceaux et le Tribunal des conflits.

Certes, la nouvelle réforme que je propose bouleversera les habitudes institutionnelles, mais afin de retisser les liens de confiance entre la politique, la Justice et les Français, cela constituerait un modeste pas d'exemplarité qui, accompagné d'autres réformes et d'autres symboles, contribueront à ne plus distendre ces liens.

De la pédagogie

L'apprentissage aux collégiens de la Constitution.

Les États-Unis d'Amérique sont un exemple en matière de patriotisme. Il est toujours agréable de voir à quel point nombre d'Américains – jeunes ou moins jeunes – sont capables de vous citer leurs droits en énonçant les dispositions des amendements de leur Constitution.

En effet, quel lycéen américain ne pourrait vous donner le sens de la célèbre décision de la Cour suprême des États-Unis, *Marbury vs Madison* ? Quel Américain ne serait capable de vous citer le principe de liberté de la presse énoncé par l'amendement premier de leur Constitution, ou encore le droit presque sacré conféré à la population outre-Atlantique de porter une arme, principe énoncé dans le deuxième amendement ?

C'est un fait, les Américains

connaissent les principes les plus fondamentaux de leurs droits alors qu'en France, une distance immense sépare les citoyens des questions juridiques.

C'est pourquoi je propose que dans le cadre des cours d'éducation civique dispensés dès le collège, la totalité de la Constitution de la Ve République soit enseignée aux collégiens. Cet enseignement ne devra ni être « bourrage de crâne », ni être laconique. Au contraire, il devra donner lieu à des débats entre élèves afin de leur apprendre à penser les institutions.

Conclusion

Au terme de ces pages, j'espère vous avoir intéressé aux réformes que nous pourrions réaliser pour ce qui concerne les institutions Françaises.

Par une parole présidentielle plus forte, par un gouvernement moins pléthorique, par une opposition responsabilisée au Parlement, avec la revalorisation des institutions locales ainsi que le redéfinition du Conseil économique social et environnemental, par un rapprochement des préfets avec la population, grâce à reconsidération complète de l'administration, par un geste symbolique concernant la Justice et par une sensibilisation pédagogique aux institutions, le lien de défiance entre les Français et la chose publique sera distendu et s'instituera alors la confiance.

Cependant, il convient d'affirmer une chose. La réforme des institutions ne doit pas être menée de manière isolée. Au contraire elle devra s'accompagner de réformes sociales et économiques car, face aux tensions qu'endurent les Français la réponse de réformer les grands repères de notre société serait sans doute dérisoire. Mais la réforme institutionnelle de notre pays n'en est pas moins superflue car sa visée doit être envisagée sur le long terme.

Ainsi, plus de temps à perdre, réformons nos institutions !

Liste des sources

pages 5, 10, 11, 18 et 45 ; *Constitution de la Ve République*

page 20 ;http://www.vie-publique.fr/decouverte-institutions/institutions/administration/action/voies-moyens-action/qu-est-ce-qu-circulaire.html

page 20 ; L'Art poétique (1674), *Nicolas Boileau*

page 39 ;LOI n° 2010-1563 du 16 décembre 2010 de réforme des collectivités territoriales

pages 46 et 47 ;
http://www.lemonde.fr/societe/article/2013/02/26/la-petition-des-anti-mariage-gay-jugee-irrecevable_1839173_3224.html

page 48 ;http://www.lecese.fr/decouvrir-cese/budget-du-cese

page 60 ;
https://www.recrutement.terre.defense.gouv.fr/parcours/engage-volontaire-de-larmee-de-terre

pages 62 et 63 ; http://www.conseil-etat.fr/content/download/2980/8968/version/1/file/resume-ea2012.pdf ;
http://www.economie.gouv.fr/files/2012-rapport-igf-l-etat-et-ses-agences.pdf ;
http://www.lesechos.fr/30/09/2015/lesechos.fr/021366548025_budget-2016---plus-d-economies--mais-plus-de-fonctionnaires.htm

pages 64 et 65 ;
http://www.economie.gouv.fr/files/files/directions_services/ppp/odac_2015.pdf

FSC
www.fsc.org
MIXTE
Papier issu
de sources
responsables
Paper from
responsible sources
FSC® C105338